Celebrating the Birthday of:

_____

Date: _____

Time: _____

Location: _____

_____

_____

Guest Name: _____

Favorite Memory: _____

_____

Birthday Wishes: _____

_____

_____

Email/Phone: _____

Guest Name: _____

Favorite Memory: _____

_____

Birthday Wishes: _____

_____

_____

Email/Phone: _____

Guest Name: _____

Favorite Memory: _____

_____

Birthday Wishes: _____

_____

_____

Email/Phone: _____

Guest Name: _____

Favorite Memory: _____

_____

Birthday Wishes: _____

_____

_____

Email/Phone: _____

Guest Name: _____

Favorite Memory: _____

_____

Birthday Wishes: _____

_____

_____

Email/Phone: _____

Guest Name: _____

Favorite Memory: _____

_____

Birthday Wishes: _____

_____

_____

Email/Phone: _____

HAPPY BIRTHDAY

Guest Name: _____

Favorite Memory: _____

_____

Birthday Wishes: _____

_____

_____

Email/Phone: _____

Guest Name: _____

Favorite Memory: _____

_____

Birthday Wishes: _____

_____

_____

Email/Phone: _____

HAPPY BIRTHDAY

Guest Name: _____

Favorite Memory: _____

_____

Birthday Wishes: _____

_____

_____

Email/Phone: _____

Guest Name: _____

Favorite Memory: _____

_____

Birthday Wishes: _____

_____

_____

Email/Phone: _____

Guest Name: _____

Favorite Memory: _____

_____

Birthday Wishes: _____

_____

_____

Email/Phone: _____

Guest Name: _____

Favorite Memory: _____

_____

Birthday Wishes: _____

_____

_____

Email/Phone: _____

Guest Name: _____

Favorite Memory: _____

_____

Birthday Wishes: _____

_____

_____

Email/Phone: _____

Guest Name: _____

Favorite Memory: _____

_____

Birthday Wishes: _____

_____

_____

Email/Phone: _____

HAPPY BIRTHDAY

Guest Name: _____

Favorite Memory: _____

_____

Birthday Wishes: _____

_____

_____

Email/Phone: _____

Guest Name: _____

Favorite Memory: _____

_____

Birthday Wishes: _____

_____

_____

Email/Phone: _____

Guest Name: _____

Favorite Memory: _____

_____

Birthday Wishes: _____

_____

_____

Email/Phone: _____

Guest Name: _____

Favorite Memory: _____

_____

Birthday Wishes: _____

_____

_____

Email/Phone: _____

Guest Name: _____

Favorite Memory: _____

_____

Birthday Wishes: _____

_____

_____

Email/Phone: _____

Guest Name: _____

Favorite Memory: _____

_____

Birthday Wishes: _____

_____

_____

Email/Phone: _____

Guest Name: _____

Favorite Memory: _____

_____

Birthday Wishes: _____

_____

_____

Email/Phone: _____

Guest Name: _____

Favorite Memory: _____

_____

Birthday Wishes: _____

_____

_____

Email/Phone: _____

HAPPY BIRTHDAY

Guest Name: _____

Favorite Memory: _____

_____

Birthday Wishes: _____

_____

_____

Email/Phone: _____

Guest Name: _____

Favorite Memory: _____

_____

Birthday Wishes: _____

_____

_____

Email/Phone: _____

Guest Name: _____

Favorite Memory: _____

_____

Birthday Wishes: _____

_____

_____

Email/Phone: _____

Guest Name: _____

Favorite Memory: _____

_____

Birthday Wishes: _____

_____

_____

Email/Phone: _____

HAPPY BIRTHDAY

Guest Name: _____

Favorite Memory: _____.

_____

Birthday Wishes: _____

_____

_____

Email/Phone: _____

Guest Name: _____

Favorite Memory: _____

_____

Birthday Wishes: _____

_____

_____

Email/Phone: _____

Guest Name: _____

Favorite Memory: _____

_____

Birthday Wishes: _____

_____

_____

Email/Phone: _____

Guest Name: _____

Favorite Memory: _____

_____

Birthday Wishes: _____

_____

_____

Email/Phone: _____

Guest Name: _____

Favorite Memory: _____
_____

Birthday Wishes: _____
_____
_____

Email/Phone: _____

Guest Name: _____

Favorite Memory: _____
_____

Birthday Wishes: _____
_____
_____

Email/Phone: _____

Guest Name: _____

Favorite Memory: _____

_____

Birthday Wishes: _____

_____

_____

Email/Phone: _____

Guest Name: _____

Favorite Memory: _____

_____

Birthday Wishes: _____

_____

_____

Email/Phone: _____

Guest Name: _____

Favorite Memory: _____

_____

Birthday Wishes: _____

_____

_____

Email/Phone: _____

Guest Name: _____

Favorite Memory: _____

_____

Birthday Wishes: _____

_____

_____

Email/Phone: _____

Guest Name: _____

Favorite Memory: _____

_____

Birthday Wishes: _____

_____

_____

Email/Phone: _____

Guest Name: _____

Favorite Memory: _____

_____

Birthday Wishes: _____

_____

_____

Email/Phone: _____

HAPPY BIRTHDAY

Guest Name: _____

Favorite Memory: _____

_____

Birthday Wishes: _____

_____

_____

Email/Phone: _____

Guest Name: _____

Favorite Memory: _____

_____

Birthday Wishes: _____

_____

_____

Email/Phone: _____

Guest Name: _____

Favorite Memory: _____

_____

Birthday Wishes: _____

_____

_____

Email/Phone: _____

Guest Name: _____

Favorite Memory: _____

_____

Birthday Wishes: _____

_____

_____

Email/Phone: _____

Guest Name: _____

Favorite Memory: _____

_____

Birthday Wishes: _____

_____

_____

Email/Phone: _____

Guest Name: _____

Favorite Memory: _____

_____

Birthday Wishes: _____

_____

_____

Email/Phone: _____

Guest Name: _____

Favorite Memory: _____

_____

Birthday Wishes: _____

_____

_____

Email/Phone: _____

Guest Name: _____

Favorite Memory: _____

_____

Birthday Wishes: _____

_____

_____

Email/Phone: _____

HAPPY BIRTHDAY

Guest Name: _____

Favorite Memory: _____

_____

Birthday Wishes: _____

_____

_____

Email/Phone: _____

Guest Name: _____

Favorite Memory: _____

_____

Birthday Wishes: _____

_____

_____

Email/Phone: _____

HAPPY BIRTHDAY

Guest Name: _____

Favorite Memory: _____

_____

Birthday Wishes: _____

_____

_____

Email/Phone: _____

Guest Name: _____

Favorite Memory: _____

_____

Birthday Wishes: _____

_____

_____

Email/Phone: _____

Guest Name: _____

Favorite Memory: _____

_____

Birthday Wishes: _____

_____

_____

Email/Phone: _____

Guest Name: _____

Favorite Memory: _____

_____

Birthday Wishes: _____

_____

_____

Email/Phone: _____

Guest Name: _____

Favorite Memory: _____

_____

Birthday Wishes: _____

_____

_____

Email/Phone: _____

Guest Name: _____

Favorite Memory: _____

_____

Birthday Wishes: _____

_____

_____

Email/Phone: _____

Guest Name: _____

Favorite Memory: _____

_____

Birthday Wishes: _____

_____

_____

Email/Phone: _____

Guest Name: _____

Favorite Memory: _____

_____

Birthday Wishes: _____

_____

_____

Email/Phone: _____

Guest Name: _____

Favorite Memory: _____

_____

Birthday Wishes: _____

_____

_____

Email/Phone: _____

Guest Name: _____

Favorite Memory: _____

_____

Birthday Wishes: _____

_____

_____

Email/Phone: _____

Guest Name: _____

Favorite Memory: _____

_____

Birthday Wishes: _____

_____

_____

Email/Phone: _____

Guest Name: _____

Favorite Memory: _____

_____

Birthday Wishes: _____

_____

_____

Email/Phone: _____

Guest Name: _____

Favorite Memory: _____

_____

Birthday Wishes: _____

_____

_____

Email/Phone: _____

Guest Name: _____

Favorite Memory: _____

_____

Birthday Wishes: _____

_____

_____

Email/Phone: _____

Guest Name: _____

Favorite Memory: _____

_____

Birthday Wishes: _____

_____

_____

Email/Phone: _____

Guest Name: _____

Favorite Memory: _____

_____

Birthday Wishes: _____

_____

_____

Email/Phone: _____

Guest Name: _____

Favorite Memory: _____

_____

Birthday Wishes: _____

_____

_____

Email/Phone: _____

Guest Name: _____

Favorite Memory: _____

_____

Birthday Wishes: _____

_____

_____

Email/Phone: _____

Guest Name: _____

Favorite Memory: _____

_____

Birthday Wishes: _____

_____

_____

Email/Phone: _____

Guest Name: _____

Favorite Memory: _____

_____

Birthday Wishes: _____

_____

_____

Email/Phone: _____

Guest Name: _____

Favorite Memory: _____

_____

Birthday Wishes: _____

_____

_____

Email/Phone: _____

Guest Name: _____

Favorite Memory: _____

_____

Birthday Wishes: _____

_____

_____

Email/Phone: _____

Guest Name: _____

Favorite Memory: _____

_____

Birthday Wishes: _____

_____

_____

Email/Phone: _____

Guest Name: _____

Favorite Memory: _____

_____

Birthday Wishes: _____

_____

_____

Email/Phone: _____

HAPPY BIRTHDAY

Guest Name: _____

Favorite Memory: _____

_____

Birthday Wishes: _____

_____

_____

Email/Phone: _____

Guest Name: _____

Favorite Memory: _____

_____

Birthday Wishes: _____

_____

_____

Email/Phone: _____

HAPPY BIRTHDAY

Guest Name: _____

Favorite Memory: _____

_____

Birthday Wishes: _____

_____

_____

Email/Phone: _____

Guest Name: _____

Favorite Memory: _____

_____

Birthday Wishes: _____

_____

_____

Email/Phone: _____

HAPPY BIRTHDAY

Guest Name: _____

Favorite Memory: _____

_____

Birthday Wishes: _____

_____

_____

Email/Phone: _____

Guest Name: _____

Favorite Memory: _____

_____

Birthday Wishes: _____

_____

_____

Email/Phone: _____

Guest Name: _____

Favorite Memory: _____

_____

Birthday Wishes: _____

_____

_____

Email/Phone: _____

Guest Name: _____

Favorite Memory: _____

_____

Birthday Wishes: _____

_____

_____

Email/Phone: _____

Guest Name: _____

Favorite Memory: _____

_____

Birthday Wishes: _____

_____

_____

Email/Phone: _____

Guest Name: _____

Favorite Memory: _____

_____

Birthday Wishes: _____

_____

_____

Email/Phone: _____

Guest Name: _____

Favorite Memory: _____

_____

Birthday Wishes: _____

_____

_____

Email/Phone: _____

Guest Name: _____

Favorite Memory: _____

_____

Birthday Wishes: _____

_____

_____

Email/Phone: _____

Guest Name: _____

Favorite Memory: _____

_____

Birthday Wishes: _____

_____

_____

Email/Phone: _____

Guest Name: _____

Favorite Memory: _____

_____

Birthday Wishes: _____

_____

_____

Email/Phone: _____

Guest Name: _____

Favorite Memory: _____

_____

Birthday Wishes: _____

_____

_____

Email/Phone: _____

Guest Name: _____

Favorite Memory: _____

_____

Birthday Wishes: _____

_____

_____

Email/Phone: _____

HAPPY BIRTHDAY

Guest Name: _____

Favorite Memory: _____

_____

Birthday Wishes: _____

_____

_____

Email/Phone: _____

Guest Name: _____

Favorite Memory: _____

_____

Birthday Wishes: _____

_____

_____

Email/Phone: _____

Guest Name: _____

Favorite Memory: _____

_____

Birthday Wishes: _____

_____

_____

Email/Phone: _____

Guest Name: _____

Favorite Memory: _____

_____

Birthday Wishes: _____

_____

_____

Email/Phone: _____

Guest Name: _____

Favorite Memory: _____

_____

Birthday Wishes: _____

_____

_____

Email/Phone: _____

Guest Name: _____

Favorite Memory: _____

_____

Birthday Wishes: _____

_____

_____

Email/Phone: _____

Guest Name: _____

Favorite Memory: _____

_____

Birthday Wishes: _____

_____

_____

Email/Phone: _____

Guest Name: _____

Favorite Memory: _____

_____

Birthday Wishes: _____

_____

_____

Email/Phone: _____

Guest Name: _____

Favorite Memory: _____

_____

Birthday Wishes: _____

_____

_____

Email/Phone: _____

Guest Name: _____

Favorite Memory: _____

_____

Birthday Wishes: _____

_____

_____

Email/Phone: _____

Guest Name: _____

Favorite Memory: _____

_____

Birthday Wishes: _____

_____

_____

Email/Phone: _____

Guest Name: _____

Favorite Memory: _____

_____

Birthday Wishes: _____

_____

_____

Email/Phone: _____

Guest Name: _____

Favorite Memory: _____

_____

Birthday Wishes: _____

_____

_____

Email/Phone: _____

Guest Name: _____

Favorite Memory: _____

_____

Birthday Wishes: _____

_____

_____

Email/Phone: _____

HAPPY BIRTHDAY

Guest Name: _____

Favorite Memory: _____

_____

Birthday Wishes: _____

_____

_____

Email/Phone: _____

Guest Name: _____

Favorite Memory: _____

_____

Birthday Wishes: _____

_____

_____

Email/Phone: _____

Guest Name: _____

Favorite Memory: _____

_____

Birthday Wishes: _____

_____

_____

Email/Phone: _____

Guest Name: _____

Favorite Memory: _____

_____

Birthday Wishes: _____

_____

_____

Email/Phone: _____

Guest Name: _____

Favorite Memory: _____

_____

Birthday Wishes: _____

_____

_____

Email/Phone: _____

Guest Name: _____

Favorite Memory: _____

_____

Birthday Wishes: _____

_____

_____

Email/Phone: _____

Guest Name: _____

Favorite Memory: _____

_____

Birthday Wishes: _____

_____

_____

Email/Phone: _____

Guest Name: _____

Favorite Memory: _____

_____

Birthday Wishes: _____

_____

_____

Email/Phone: _____

Guest Name: _____

Favorite Memory: _____

_____

Birthday Wishes: _____

_____

_____

Email/Phone: _____

Guest Name: _____

Favorite Memory: _____

_____

Birthday Wishes: _____

_____

_____

Email/Phone: _____

HAPPY BIRTHDAY

Guest Name: _____

Favorite Memory: _____

_____

Birthday Wishes: _____

_____

_____

Email/Phone: _____

Guest Name: _____

Favorite Memory: _____

_____

Birthday Wishes: _____

_____

_____

Email/Phone: _____

Guest Name: _____

Favorite Memory: _____

_____

Birthday Wishes: _____

_____

_____

Email/Phone: _____

Guest Name: _____

Favorite Memory: _____

_____

Birthday Wishes: _____

_____

_____

Email/Phone: _____

Guest Name: _____

Favorite Memory: _____

_____

Birthday Wishes: _____

_____

_____

Email/Phone: _____

Guest Name: _____

Favorite Memory: _____

_____

Birthday Wishes: _____

_____

_____

Email/Phone: _____

Guest Name: _____

Favorite Memory: _____

_____

Birthday Wishes: _____

_____

_____

Email/Phone: _____

Guest Name: _____

Favorite Memory: _____

_____

Birthday Wishes: _____

_____

_____

Email/Phone: _____

Guest Name: _____

Favorite Memory: _____

_____

Birthday Wishes: _____

_____

_____

Email/Phone: _____

Guest Name: _____

Favorite Memory: _____

_____

Birthday Wishes: _____

_____

_____

Email/Phone: _____

HAPPY BIRTHDAY

Guest Name: _____

Favorite Memory: _____

_____

Birthday Wishes: _____

_____

_____

Email/Phone: _____

Guest Name: _____

Favorite Memory: _____

_____

Birthday Wishes: _____

_____

_____

Email/Phone: _____

Guest Name: _____

Favorite Memory: _____

_____

Birthday Wishes: _____

_____

_____

Email/Phone: _____

Guest Name: _____

Favorite Memory: _____

_____

Birthday Wishes: _____

_____

_____

Email/Phone: _____

Guest Name: _____

Favorite Memory: _____

_____

Birthday Wishes: _____

_____

_____

Email/Phone: _____

Guest Name: _____

Favorite Memory: _____

_____

Birthday Wishes: _____

_____

_____

Email/Phone: _____

Guest Name: _____

Favorite Memory: _____

_____

Birthday Wishes: _____

_____

_____

Email/Phone: _____

Guest Name: _____

Favorite Memory: _____

_____

Birthday Wishes: _____

_____

_____

Email/Phone: _____

Guest Name: _____

Favorite Memory: _____

_____

Birthday Wishes: _____

_____

_____

Email/Phone: _____

Guest Name: _____

Favorite Memory: _____

_____

Birthday Wishes: _____

_____

_____

Email/Phone: _____

Guest Name: _____

Favorite Memory: _____

_____

Birthday Wishes: _____

_____

_____

Email/Phone: _____

Guest Name: _____

Favorite Memory: _____

_____

Birthday Wishes: _____

_____

_____

Email/Phone: _____

Guest Name: _____

Favorite Memory: _____

_____

Birthday Wishes: _____

_____

_____

Email/Phone: _____

Guest Name: _____

Favorite Memory: _____

_____

Birthday Wishes: _____

_____

_____

Email/Phone: _____

HAPPY BIRTHDAY

Guest Name: _____

Favorite Memory: _____

_____

Birthday Wishes: _____

_____

_____

Email/Phone: _____

Guest Name: _____

Favorite Memory: _____

_____

Birthday Wishes: _____

_____

_____

Email/Phone: _____

Guest Name: _____

Favorite Memory: _____

_____

Birthday Wishes: _____

_____

_____

Email/Phone: _____

Guest Name: _____

Favorite Memory: _____

_____

Birthday Wishes: _____

_____

_____

Email/Phone: _____

Guest Name: _____

Favorite Memory: _____

_____

Birthday Wishes: _____

_____

_____

Email/Phone: _____

Guest Name: _____

Favorite Memory: _____

_____

Birthday Wishes: _____

_____

_____

Email/Phone: _____

Guest Name: _____

Favorite Memory: _____

_____

Birthday Wishes: _____

_____

_____

Email/Phone: _____

Guest Name: _____

Favorite Memory: _____

_____

Birthday Wishes: _____

_____

_____

Email/Phone: _____

Guest Name: _____

Favorite Memory: _____

_____

Birthday Wishes: _____

_____

_____

Email/Phone: _____

Guest Name: _____

Favorite Memory: _____

_____

Birthday Wishes: _____

_____

_____

Email/Phone: _____

Guest Name: _____

Favorite Memory: _____

_____

Birthday Wishes: _____

_____

_____

Email/Phone: _____

Guest Name: _____

Favorite Memory: _____

_____

Birthday Wishes: _____

_____

_____

Email/Phone: _____

Guest Name: _____

Favorite Memory: _____

_____

Birthday Wishes: _____

_____

_____

Email/Phone: _____

Guest Name: _____

Favorite Memory: _____

_____

Birthday Wishes: _____

_____

_____

Email/Phone: _____

Guest Name: _____

Favorite Memory: _____

_____

Birthday Wishes: _____

_____

_____

Email/Phone: _____

Guest Name: _____

Favorite Memory: _____

_____

Birthday Wishes: _____

_____

_____

Email/Phone: _____

Guest Name: _____

Favorite Memory: _____

_____

Birthday Wishes: _____

_____

_____

Email/Phone: _____

Guest Name: _____

Favorite Memory: _____

_____

Birthday Wishes: _____

_____

_____

Email/Phone: _____

Guest Name: _____

Favorite Memory: _____

_____

Birthday Wishes: _____

_____

_____

Email/Phone: _____

Guest Name: _____

Favorite Memory: _____

_____

Birthday Wishes: _____

_____

_____

Email/Phone: _____

Guest Name: _____

Favorite Memory: _____

_____

Birthday Wishes: _____

_____

_____

Email/Phone: _____

Guest Name: _____

Favorite Memory: _____

_____

Birthday Wishes: _____

_____

_____

Email/Phone: _____

Guest Name: _____

Favorite Memory: _____

_____

Birthday Wishes: _____

_____

_____

Email/Phone: _____

Guest Name: _____

Favorite Memory: _____

_____

Birthday Wishes: _____

_____

_____

Email/Phone: _____

HAPPY BIRTHDAY

Guest Name: _____

Favorite Memory: _____

_____

Birthday Wishes: _____

_____

_____

Email/Phone: _____

Guest Name: _____

Favorite Memory: _____

_____

Birthday Wishes: _____

_____

_____

Email/Phone: _____

Guest Name: _____

Favorite Memory: _____

_____

Birthday Wishes: _____

_____

_____

Email/Phone: _____

Guest Name: _____

Favorite Memory: _____

_____

Birthday Wishes: _____

_____

_____

Email/Phone: _____

Guest Name: _____

Favorite Memory: _____

_____

Birthday Wishes: _____

_____

_____

Email/Phone: _____

Guest Name: _____

Favorite Memory: _____

_____

Birthday Wishes: _____

_____

_____

Email/Phone: _____

Guest Name: _____

Favorite Memory: _____

_____

Birthday Wishes: _____

_____

_____

Email/Phone: _____

Guest Name: _____

Favorite Memory: _____

_____

Birthday Wishes: _____

_____

_____

Email/Phone: _____

HAPPY BIRTHDAY

Guest Name: _____

Favorite Memory: _____

_____

Birthday Wishes: _____

_____

_____

Email/Phone: _____

Guest Name: _____

Favorite Memory: _____

_____

Birthday Wishes: _____

_____

_____

Email/Phone: _____

Guest Name: _____

Favorite Memory: _____

_____

Birthday Wishes: _____

_____

_____

Email/Phone: _____

Guest Name: _____

Favorite Memory: _____

_____

Birthday Wishes: _____

_____

_____

Email/Phone: _____

HAPPY BIRTHDAY

Guest Name: _____

Favorite Memory: _____

_____

Birthday Wishes: _____

_____

_____

Email/Phone: _____

Guest Name: _____

Favorite Memory: _____

_____

Birthday Wishes: _____

_____

_____

Email/Phone: _____

HAPPY BIRTHDAY

Guest Name: _____

Favorite Memory: _____

_____

Birthday Wishes: _____

_____

_____

Email/Phone: _____

Guest Name: _____

Favorite Memory: _____

_____

Birthday Wishes: _____

_____

_____

Email/Phone: _____

Guest Name: _____

Favorite Memory: _____

_____

Birthday Wishes: _____

_____

_____

Email/Phone: _____

Guest Name: _____

Favorite Memory: _____

_____

Birthday Wishes: _____

_____

_____

Email/Phone: _____

Guest Name: _____

Favorite Memory: _____

_____

Birthday Wishes: _____

_____

_____

Email/Phone: _____

Guest Name: _____

Favorite Memory: _____

_____

Birthday Wishes: _____

_____

_____

Email/Phone: _____

Guest Name: _____

Favorite Memory: _____

_____

Birthday Wishes: _____

_____

_____

Email/Phone: _____

Guest Name: _____

Favorite Memory: _____

_____

Birthday Wishes: _____

_____

_____

Email/Phone: _____

Guest Name: _____

Favorite Memory: _____

_____

Birthday Wishes: _____

_____

_____

Email/Phone: _____

Guest Name: _____

Favorite Memory: _____

_____

Birthday Wishes: _____

_____

_____

Email/Phone: _____

HAPPY BIRTHDAY

Guest Name: _____

Favorite Memory: _____

_____

Birthday Wishes: _____

_____

_____

Email/Phone: _____

Guest Name: _____

Favorite Memory: _____

_____

Birthday Wishes: _____

_____

_____

Email/Phone: _____

Guest Name: _____

Favorite Memory: _____

_____

Birthday Wishes: _____

_____

_____

Email/Phone: _____

Guest Name: _____

Favorite Memory: _____

_____

Birthday Wishes: _____

_____

_____

Email/Phone: _____

HAPPY BIRTHDAY

Guest Name: _____

Favorite Memory: _____

_____

Birthday Wishes: _____

_____

_____

Email/Phone: _____

Guest Name: _____

Favorite Memory: _____

_____

Birthday Wishes: _____

_____

_____

Email/Phone: _____

Guest Name: _____

Favorite Memory: _____

_____

Birthday Wishes: _____

_____

_____

Email/Phone: _____

Guest Name: _____

Favorite Memory: _____

_____

Birthday Wishes: _____

_____

_____

Email/Phone: _____

Guest Name: _____

Favorite Memory: _____

_____

Birthday Wishes: _____

_____

_____

Email/Phone: _____

Guest Name: _____

Favorite Memory: _____

_____

Birthday Wishes: _____

_____

_____

Email/Phone: _____

Guest Name: _____

Favorite Memory: _____

_____

Birthday Wishes: _____

_____

_____

Email/Phone: _____

Guest Name: _____

Favorite Memory: _____

_____

Birthday Wishes: _____

_____

_____

Email/Phone: _____

Guest Name: _____

Favorite Memory: _____

_____

Birthday Wishes: _____

_____

_____

Email/Phone: _____

Guest Name: _____

Favorite Memory: _____

_____

Birthday Wishes: _____

_____

_____

Email/Phone: _____

Guest Name: _____

Favorite Memory: _____

_____

Birthday Wishes: _____

_____

_____

Email/Phone: _____

Guest Name: _____

Favorite Memory: _____

_____

Birthday Wishes: _____

_____

_____

Email/Phone: _____

Gift Log

Gift	Received By

Gift Log

Gift	Received By

Gift Log

Gift	Received By
_____	_____
_____	_____
_____	_____
_____	_____
_____	_____
_____	_____
_____	_____
_____	_____
_____	_____
_____	_____
_____	_____

Thank you for your purchase! For more fun, unique guest books, log books, notebooks, journals and more, please take a look at www.amazon.com/author/booksbyjenna to view other wonderful books that you'll be sure to enjoy.

Made in the USA
Las Vegas, NV
29 November 2024